Magic Cakes
1 Teig, 3 Schichten

Abkürzungen

cl = Zentiliter

cm = Zentimeter

E = Eiweiß

El = Esslöffel

F = Fett

g = Gramm

kcal = Kilokalorien

kg = Kilogramm

KH = Kohlenhydrate

kJ = Kilojoule

l = Liter

ml = Milliliter

Msp. = Messerspitze

P. = Päckchen

TK = Tiefkühlprodukt

Tl = Teelöffel

Hinweis

Falls nicht anders angegeben, werden die Kuchen auf der mittleren Schiene gegart.

Bildnachweis

Foodfotos: Studio Klaus Arras unter Mitarbeit von Katja Briol

Illustrationen

Fotolia.com: © 4clover (pinker Papierfond), © aga7ta (hellgrüner Fond, blauer Fond), © colors0613 (hellrosa Fond), © fakegraphic (Schildchen), © KatyaKatya (Blumen), © key05 (türkiser Papierfond), © locotearts (heller Papierfond), © tanawatpontchour (Recycling-Papierfond), © tashka2000 (hellblauer Fond)

Inhalt

Magic Cakes
Zauberei am Herd

Wer wünscht sich nicht manchmal magische Kräfte zu haben? Vor allem beim Backen würden damit die tollsten Kuchen und Torten entstehen! Bei den unnachahmlichen Magic Cakes scheint in der Tat Zauberei im Spiel zu sein. Wie von Zauberhand teilt sich beim Backen der süße Teig in drei köstliche Kuchenschichten: Ein fester Pudding wird von einer feinen Creme bedeckt, die wiederum von einer fluffig-lockeren, biskuitartigen Schicht gekrönt wird.

Was so unglaublich nach Magie klingt, ist bei näherem Hinsehen gar kein Hexenwerk. Denn der Teig, der dem einer Clafoutis oder eines Pfannkuchens ähnelt, wird mit Eischneeflocken versetzt. Die steigen beim Backen an die Oberfläche und bilden die obere, biskuitartige Schicht. Darunter befindet sich puddingartiger Kuchen, der mal cremig in der Mitte und mal fest auf dem Boden daherkommt. Die Lagen entstehen durch die unterschiedlichen Backtemperaturen am Boden und im Inneren der Form. Das ist eigentlich eine wenig mystische, ganz logisch-physikalische, aber vor allem superleckere Angelegenheit. Und das tollste: Die Magic Cakes sind, wenn man ein paar einfache Regeln beachtet, ganz und gar nicht schwer zu backen – Ihre Gäste aber werden beeindruckt sein.

Zauberschule – so gelingt der Magic Cake

Die richtige Backform

Der Magic Cake zeichnet sich dadurch aus, dass er zum einen in den meisten Fällen nicht gestürzt wird und dass zum anderen sein Teig sehr dünnflüssig ist. Daher eignen sich zum Backen am besten runde oder viereckige Springformen, die durch eine Silikondichtung am Boden auslaufsicher sind. Sie müssen nur eingefettet werden und brauchen keinen zusätzlichen Schutz durch eingelegtes Backpapier. Aber auch in herkömmlichen Springformen ohne Dichtung gelingen die Magic Cakes hervorragend; sie werden einfach mit Backpapier ausgelegt und dadurch abgedichtet. Die Form zuerst grob einfetten, danach nehmen Sie ein ausreichend großes Stück Backpapier, knüllen es fest zusammen und streichen es dann glatt. Anschließend werden damit Boden und Rand der Form sorgfältig ausgelegt und Falten so gut wie möglich geglättet. Durch das Zerknittern lässt sich das Backpapier deutlich besser formen, wobei es seine Antihaftwirkung nicht verliert.

Auch wenn Sie Glas- und Muffinformen verwenden, bei denen sich die Ränder nicht öffnen lassen, sollten Sie sie mit Backpapier auf diese Weise auslegen; so lässt sich der Kuchen später gut herausheben. Alle anderen Formen (Gugelhupf- oder Motivformen) sind zum Backen der Magic Cakes nicht geeignet.

Butter und Milch

Damit ein wirklich homogener Grundteig entstehen kann, muss die Butter zerlassen werden. Das gelingt sicher, wenn Sie sie in der Milch, die für jeden Kuchen benötigt wird, schmelzen, denn dann kann sie in der Milch abkühlen, ohne wieder fest zu werden. Wird sie ohne Milch im Topf zerlassen, muss man sie anschließend handwarm abkühlen lassen. Die Milch-Butter-Mischung eignet sich auch, um darin beispielsweise Schokolade für den Teig zu schmelzen.

Die Eier

Der Eischnee nimmt eine zentrale Rolle beim Magic-Cake-Backen ein – ohne ihn kann sich die obere Schicht nicht ausbilden. Der Eischnee muss daher sehr steif geschlagen werden. Das macht man am besten als allererstes, nachdem die Butter zerlassen ist. Auf diese Weise ist sichergestellt, dass Rührschüssel und Rührbesen absolut fettfrei und sauber sind und der Eischnee nicht cremig, sondern fluffig wird.

Das Eigelb muss ebenfalls gut verarbeitet werden. Verrühren Sie das Eigelb so lang mit dem Zucker, bis die Masse cremig-weiß und homogen ist. Also mindestens 5 Minuten. Dann gelingt der Magic Cake.

Der entscheidende Schritt beim Backen des Magics ist das Einarbeiten des Eischnees in den ansonsten fertigen Teig. Zwei Esslöffel werden zuerst ganz normal wie alle anderen Zutaten eingerührt, dann wird der Eischnee mit einem

Holzlöffel oder mit einem Messer untergehoben. Dabei sollten Sie zügig arbeiten und die Eischneeflocken nur wenige Sekunden mit dem Restteig vermischen. Der Eischnee darf nicht eingearbeitet werden, sondern soll flockig oben schwimmen.

Sobald der Teig in die Form gegeben wurde, muss er etwa 10 Minuten ruhen, damit der Eischnee nach oben aufsteigen kann. Es bietet sich an, die Vorheizzeit des Backofens dazu zu nutzen.

Das Backen

Gebacken wird grundsätzlich bei Ober-/Unterhitze; Umluft ist nicht geeignet. Außerdem sollte der Backofen in den ersten 20 Minuten nicht geöffnet werden.

Mehr als bei anderen Kuchen ist der Zeitpunkt wichtig, bei dem der Kuchen aus dem Ofen kommt: Wird er zu kurz gebacken, läuft er auseinander; ist er zu lang im Ofen, sind die beiden unteren Schichten nicht mehr getrennt. Weil jeder Backofen unterschiedlich heizt, können die in diesem Buch angegebenen Zeiten nur Richtwerte sein. Aber Sie sehen dem Kuchen an, wenn er fertig ist: Die Oberfläche ist schön gebräunt, aber die Mitte des Kuchens wackelt puddingartig. Falls Sie den Kuchen doch zu früh aus dem Backofen genommen haben, bildet er an der Oberfläche augenblicklich Wellen. Stellen Sie ihn in diesem Fall einfach noch einmal in den Backofen und backen Sie ihn einige Minuten länger.

Auf die Probe gestellt

Für manch einen kann das Backen des Magic Cakes eine wahre Geduldsprobe sein, denn den Magic Cake können Sie nicht einfach auskühlen lassen und dann genießen. Er braucht nach dem Abkühlen bei Zimmertemperatur (!) noch mindestens vier Stunden Ruhezeit im Kühlschrank. Noch besser schmeckt er, wenn er über Nacht dort ruhen darf. Erst danach wird er aus der Form genommen und kann angeschnitten werden.

Und dann werden sie endlich sichtbar: die drei leckeren magischen Schichten, die auf Ihrer Kaffeetafel sicherlich für einen Wow-Effekt sorgen. Also: Ran ans Werk und gutes Gelingen mit unseren Magic Cakes.

Einfache Magics

Vanille-Magic

Für 12 Stücke (Springform 26 cm Ø)

125 g Butter
500 ml frische Vollmilch
4 Eier
140 g Zucker
Mark von 1 Vanilleschote
110 g Mehl
abgeriebene Schale von ½
  unbehandelten Zitrone

Außerdem
Butter für die Form

Zubereitungszeit: ca. 20 Minuten (plus Aufheiz- und Ruhezeit, Backzeit und Kühlzeit)
Pro Stück ca. 211 kcal/885 kJ, 5 g E, 12 g F, 20 g KH

1. Die Butter in Stückchen mit der Milch in einen Topf geben und darin zerlassen. Vom Herd nehmen und abkühlen lassen. Die Springform gut einfetten.

2. Die Eier trennen und das Eiweiß sehr steif schlagen. Kühl stellen.

3. Eigelb mit dem Zucker und dem Vanillemark weißschaumig schlagen. Das Mehl darübersieben und mit der Zitronenschale unterrühren. Nach und nach die Milchmischung einrühren. 2 Esslöffel des Eischnees ebenfalls in den Teig rühren, den Rest rasch, aber vorsichtig unterheben, sodass die Eischneeflocken sichtbar bleiben. Den Teig in die Form gießen.

4. Den Backofen auf 155 °C vorheizen und den Teig während dieser Zeit in der Form ruhen lassen. Anschließend im Backofen 50–60 Minuten backen, bis der Kuchen oben golden gebräunt ist, das Innere aber noch wackelt. Bei Zimmertemperatur auskühlen lassen und anschließend mindestens 4 Stunden, am besten über Nacht im Kühlschrank ruhen lassen.

Der Vanille-Magic ist die Grund-form jedes Magic Cakes. Er ist sehr einfach herzustellen und daher bestens für den Einstieg in die Welt der Magic Cakes geeignet.

Zabaione-Magic

Für 12 Stücke (Springform 26 cm Ø)

125 g Butter
450 ml frische Vollmilch
2 cl Marsala
1 El Rum
¼ Tl Zimt
4 Eier
140 g Zucker
Mark von 1 Vanilleschote
110 g Mehl

Außerdem
Butter für die Form

Zubereitungszeit: ca. 20 Minuten (plus Aufheiz- und Ruhezeit, Backzeit und Kühlzeit)
Pro Stück ca. 213 kcal/894 kJ, 5 g E, 12 g F, 20 g KH

1. Die Butter in Stückchen mit der Milch in einen Topf geben und darin zerlassen. Vom Herd nehmen, Marsala, Rum und Zimt einrühren und abkühlen lassen. Die Springform gut einfetten.

2. Die Eier trennen und das Eiweiß sehr steif schlagen. Kühl stellen.

3. Eigelb mit dem Zucker und dem Vanillemark weißschaumig schlagen. Das Mehl darübersieben und unterrühren. Nach und nach die Milchmischung einrühren. 2 Esslöffel des Eischnees ebenfalls in den Teig rühren, den Rest rasch, aber vorsichtig unterheben, sodass die Eischneeflocken sichtbar bleiben. Den Teig in die Form gießen.

4. Den Backofen auf 155 °C vorheizen und den Teig während dieser Zeit in der Form ruhen lassen. Anschließend im Backofen 50–60 Minuten backen, bis der Kuchen oben golden gebräunt ist, das Innere aber noch wackelt. Bei Zimmertemperatur auskühlen lassen und anschließend mindestens 4 Stunden, am besten über Nacht im Kühlschrank ruhen lassen.

Kaffee-Magic

Für 12 Stücke (Springform 26 cm Ø)

125 g Butter
450 ml frische Vollmilch
4 Eier
160 g Zucker
Mark von 1 Vanilleschote
110 g Mehl
50 ml kalter, starker Espresso

Außerdem
Butter für die Form

Zubereitungszeit: ca. 20 Minuten (plus Aufheiz- und Ruhezeit, Backzeit und Kühlzeit)
Pro Stück ca. 209 kcal/874 kJ, 5 g E, 12 g F, 20 g KH

1. Die Butter in Stückchen mit der Milch in einen Topf geben und darin zerlassen. Vom Herd nehmen und abkühlen lassen. Die Springform gut einfetten.

2. Die Eier trennen und das Eiweiß sehr steif schlagen. Kühl stellen.

3. Eigelb mit dem Zucker und dem Vanillemark weißschaumig schlagen. Das Mehl darübersieben und unterrühren. Den Espresso und dann nach und nach die Milchmischung einrühren. 2 Esslöffel des Eischnees ebenfalls in den Teig rühren, den Rest rasch, aber vorsichtig unterheben, sodass die Eischneeflocken sichtbar bleiben. Den Teig in die Form gießen.

4. Den Backofen auf 155 °C vorheizen und den Teig während dieser Zeit in der Form ruhen lassen. Anschließend im Backofen 50–60 Minuten backen, bis der Kuchen oben golden gebräunt ist, das Innere aber noch wackelt. Bei Zimmertemperatur auskühlen lassen und anschließend mindestens 4 Stunden, am besten über Nacht im Kühlschrank ruhen lassen.

Schoko-Haselnuss-Magic

Für 12 Stücke (Springform 26 cm Ø)

125 g Butter
500 ml frische Vollmilch
100 g dunkle Schokolade
 (70% Kakaoanteil)
4 Eier
140 g Zucker
Mark von 1 Vanilleschote
80 g Mehl
30 g Haselnussmehl
2 Tl ungesüßtes Kakaopulver
2 El gehackte Haselnüsse

Außerdem
Butter für die Form

Zubereitungszeit: ca. 30 Minuten (plus Aufheiz- und Ruhezeit, Backzeit und Kühlzeit)
Pro Stück ca. 277 kcal/1161 kJ, 6 g E, 18 g F, 23 g KH

1. Die Butter in Stückchen mit der Milch in einen Topf geben und darin zerlassen. Die Schokolade grob hacken, in der Milch schmelzen und gut verrühren. Die Mischung vom Herd nehmen und abkühlen lassen. Die Springform gut einfetten.

2. Die Eier trennen und das Eiweiß sehr steif schlagen. Kühl stellen.

3. Eigelb mit dem Zucker und dem Vanillemark weißschaumig schlagen. Das Mehl mit dem Haselnussmehl und dem Kakao mischen und in die Eigelbmasse rühren. Nach und nach die Schokoladen-Milch-Mischung einrühren. 2 Esslöffel des Eischnees ebenfalls in den Teig rühren, den Rest rasch, aber vorsichtig unterheben, sodass die Eischneeflocken sichtbar bleiben. Den Teig in die Form gießen. Die Haselnüsse darüberstreuen und die Backform mit Alufolie abdecken.

4. Den Backofen auf 155 °C vorheizen und den Teig während dieser Zeit in der Form ruhen lassen. Anschließend im Backofen 35–40 Minuten backen, dann die Alufolie abnehmen und ca. 15 Minuten weiterbacken, bis der Kuchen oben golden gebräunt ist, das Innere aber noch wackelt. Bei Zimmertemperatur auskühlen lassen und anschließend mindestens 4 Stunden, am besten über Nacht im Kühlschrank ruhen lassen.

Erdnuss-Karamell-Magic

Für 9 Stücke (Kastenform 20 x 20 cm)

140 g Zucker
50 ml Schlagsahne
450 ml frische Vollmilch
125 g kalte Butter
4 Eier
1 Prise Salz
50 g Erdnussbutter
Mark von ½ Vanilleschote
110 g Mehl

Außerdem
Butter für die Form

Zubereitungszeit: ca. 40 Minuten (plus Aufheiz- und Ruhezeit, Backzeit und Kühlzeit)
Pro Stück ca. 321 kcal/1342 kJ, 7 g E, 21 g F, 26 g KH

1. Für das Karamell den Zucker mit 1 Esslöffel Wasser in einer Saucenpfanne schmelzen, bis er hellbraun ist. Gleichzeitig die Sahne mit der Milch in einem Topf mischen und erhitzen, aber nicht kochen lassen. Die warme Sahnemilch vorsichtig in den Zucker rühren, vom Herd nehmen und die kalte Butter in kleinen Stückchen einrühren. Die Karamellmilch abkühlen lassen. Die Backform gut einfetten.

2. Die Eier trennen und das Eiweiß sehr steif schlagen. Kühl stellen.

3. Eigelb mit 1 Esslöffel Wasser und dem Salz weißschaumig schlagen. Die Erdnussbutter und das Vanillemark einrühren, bis alles gut verbunden ist. Dann das Mehl in die Eigelbmasse rühren. Nach und nach die Karamellmilch einrühren. 2 Esslöffel des Eischnees ebenfalls in den Teig rühren, den Rest rasch, aber vorsichtig unterheben, sodass die Eischneeflocken sichtbar bleiben. Den Teig in die Form gießen.

4. Den Backofen auf 155 °C vorheizen und den Teig während dieser Zeit in der Form ruhen lassen. Anschließend im Backofen 50–60 Minuten backen, bis der Kuchen oben golden gebräunt ist, das Innere aber noch wackelt. Bei Zimmertemperatur auskühlen lassen und anschließend mindestens 4 Stunden, am besten über Nacht im Kühlschrank ruhen lassen.

Weißer Schokoladenmagic

Für 9 Stücke (Kastenform 20 x 20 cm)

125 g Butter
100 g weiße Schokolade
500 ml frische Vollmilch
4 Eier
150 g frische Himbeeren
140 g Zucker
1 Prise Salz
110 g Mehl

Außerdem
Butter für die Form

Zubereitungszeit: ca. 25 Minuten (plus Aufheiz- und Ruhezeit, Backzeit und Kühlzeit)
Pro Stück ca. 348 kcal/1459 kJ, 7 g E, 20 g F, 35 g KH

1. Butter und weiße Schokolade in Stückchen mit der Milch in einen Topf geben und darin schmelzen. Vom Herd nehmen und abkühlen lassen. Die Kastenform gut einfetten.

2. Die Eier trennen und das Eiweiß sehr steif schlagen. Kühl stellen. Die Himbeeren waschen, verlesen und gut trocken tupfen.

3. Eigelb mit Zucker und Salz weißschaumig schlagen. Das Mehl darübersieben und unterrühren. Nach und nach die Milchmischung einrühren. 2 Esslöffel des Eischnees ebenfalls in den Teig rühren, den Rest rasch, aber vorsichtig unterheben, sodass die Eischneeflocken sichtbar bleiben. Die Himbeeren auf dem Boden der Backform verteilen und den Teig darübergießen.

4. Den Backofen auf 155 °C vorheizen und den Teig während dieser Zeit in der Form ruhen lassen. Anschließend im Backofen 50–60 Minuten backen, bis der Kuchen oben golden gebräunt ist, das Innere aber noch wackelt. Bei Zimmertemperatur auskühlen lassen und anschließend mindestens 4 Stunden, am besten über Nacht im Kühlschrank ruhen lassen.

Salzkaramell-Magic

Für 10 Stücke (Springform 24 cm Ø)

Für das Karamell

300 g Zucker
einige Spritzer Zitronensaft
150 ml Schlagsahne
75 g kalte, gesalzene Butter

Für den Kuchen

450 ml frische Vollmilch
70 g gesalzene Butter
4 Eier
100 g Mehl

Außerdem

Butter für die Form

Zubereitungszeit: ca. 45 Minuten (plus Aufheiz- und Ruhezeit, Backzeit und Kühlzeit)
Pro Stück ca. 370 kcal/1551 kJ, 6 g E, 21 g F, 40 g KH

1. Für das Karamell den Zucker mit einigen Spritzern Zitronensaft in einer Saucenpfanne schmelzen, bis er hellbraun ist. Gleichzeitig die Sahne in einem Topf erhitzen, aber nicht kochen lassen. Die warme Sahne vorsichtig in den Zucker rühren, vom Herd nehmen und die kalte Salzbutter in kleinen Stückchen einrühren.

2. 100 Gramm des Karamells in eine Schüssel abwiegen und beiseitestellen. In das übrige Karamell die Milch einrühren, bis beides miteinander verbunden ist. Dann die Milch abkühlen lassen. Die Backform gut einfetten.

3. Die Butter zerlassen, die Eier trennen und das Eiweiß sehr steif schlagen. Eigelb weißcremig rühren, die Butter in einem feinen Strahl unterrühren, dann das Mehl darübersieben und verrühren. Nach und nach die Karamellmilch einrühren. 1 Esslöffel Eischnee einrühren, den Rest rasch, aber vorsichtig unterheben, sodass die Eischneeflocken sichtbar bleiben. Den Teig in die Form gießen.

4. Den Backofen auf 155 °C vorheizen und den Teig während dieser Zeit in der Form ruhen lassen. Anschließend im Backofen 50–60 Minuten backen, bis der Kuchen oben golden gebräunt ist, das Innere aber noch wackelt. Bei Zimmertemperatur auskühlen lassen und anschließend mindestens 4 Stunden, am besten über Nacht im Kühlschrank ruhen lassen. Mit der restlichen Karamellsauce servieren.

Pfefferminz-Magic

Für 12 Stücke (Springform 26 cm Ø)

Für den Kuchen
125 g Butter
100 g dunkle Schokolade
   (75 % Kakaoanteil)
500 ml frische Vollmilch
4 Eier
140 g Zucker
100 g Mehl
2 El ungesüßtes Kakaopulver

Für die Pfefferminzcreme
100 g weiche Butter
300 g Puderzucker
3 El Pfefferminzsirup oder -likör
200 g Frischkäse

Für die Schokoglasur
1 El Butter
125 g dunkle Schokolade
   (75 % Kakaoanteil)
115 ml Sahne
1 El Pfefferminzsirup oder -likör

Außerdem
Butter für die Form

Zubereitungszeit: ca. 50 Minuten (plus Aufheiz- und Ruhezeit, Backzeit und Kühlzeit)
Pro Stück ca. 550 kcal/2304 kJ, 8 g E, 36 g F, 54 g KH

1. Butter und Schokolade in Stückchen mit der Milch in einen Topf geben und darin schmelzen. Vom Herd nehmen und abkühlen lassen. Die Springform gut einfetten.

2. Die Eier trennen und das Eiweiß sehr steif schlagen. Kühl stellen.

3. Eigelb mit dem Zucker weißschaumig schlagen. Das Mehl und den Kakao darübersieben und unterrühren. Nach und nach die Milchmischung einrühren. 2 Esslöffel des Eischnees ebenfalls in den Teig rühren, den Rest rasch, aber vorsichtig unterheben, sodass die Eischneeflocken sichtbar bleiben. Den Teig in die Form gießen.

4. Den Backofen auf 155 °C vorheizen und den Teig während dieser Zeit in der Form ruhen lassen. Anschließend im Backofen 50–60 Minuten backen, bis der Kuchen oben golden gebräunt ist, das Innere aber noch wackelt. Bei Zimmertemperatur auskühlen lassen und anschließend mindestens 4 Stunden, am besten über Nacht im Kühlschrank ruhen lassen.

5. Für die Pfefferminzcreme die Butter mit dem Puderzucker etwa 5 Minuten lang weißcremig rühren. Pfefferminzsirup und Frischkäse zügig einrühren. Einen Tortenring um den Kuchen stellen und die Creme auf dem Magic Cake glattstreichen. Den Kuchen 15 Minuten kalt stellen, dann den Ring lösen.

6. Für die Schokoladenglasur Butter und Schokolade in eine Schüssel geben. Sahne in einen Topf geben, einmal aufkochen, über die Schokolade gießen und glatt und cremig rühren. Dann den Pfefferminzsirup oder -likör einrühren.

7. Die Glasur handwarm abkühlen lassen. Dann über den Kuchen gießen, und zwar von der Mitte aus nach außen. Mit einer Löffelspitze ein Windradmuster von innen nach außen durch die Glasur ziehen.

Marshmallow-Magic

Für 12 Stücke (Springform 26 cm Ø)

125 g Butter
500 ml frische Vollmilch
240 g Mini-Marshmallows
4 Eier
100 g Zucker
110 g Mehl
250 g abgetropfte Schattenmorellen

Außerdem
Butter für die Form

Zubereitungszeit: ca. 25 Minuten (plus Aufheiz- und Ruhezeit, Backzeit und Kühlzeit)
Pro Stück ca. 345 kcal/1444 kJ, 5 g E, 19 g F, 36 g KH

1. Die Butter in Stückchen mit der Milch in einen Topf geben und darin zerlassen. Vom Herd nehmen und abkühlen lassen. Die Springform gut einfetten, die Hälfte der Marshmallows auf dem Boden verteilen.

2. Die Eier trennen und das Eiweiß sehr steif schlagen. Kühl stellen.

3. Eigelb mit dem Zucker weißschaumig schlagen. Das Mehl darübersieben und unterrühren. Nach und nach die Milchmischung einrühren, dann die restlichen Marshmallows unterrühren. 2 Esslöffel des Eischnees ebenfalls in den Teig rühren, den Rest rasch, aber vorsichtig unterheben, sodass die Eischneeflocken sichtbar bleiben. Den Teig zur Hälfte in die Form gießen, rasch die Kirschen darauf verteilen und den restlichen Teig darüber verteilen.

4. Den Backofen auf 155 °C vorheizen und den Teig während dieser Zeit in der Form ruhen lassen. Anschließend im Backofen 50–60 Minuten backen, bis der Kuchen oben golden gebräunt ist, das Innere aber noch wackelt. Gegebenenfalls während des Backens mit Alufolie abdecken. Bei Zimmertemperatur auskühlen lassen und anschließend mindestens 4 Stunden, am besten über Nacht im Kühlschrank ruhen lassen.

Frucht- &
Nuss-Magics

Kürbis-Gewürz-Magic

Für 12 Stücke (Kastenform 22 x 22 cm)

125 g Butter
500 ml frische Vollmilch
4 Eier
140 g Puderzucker
120 g Mehl
Mark von 1 Vanilleschote
2 Tl Zimt
1 Tl Ingwer
½ Tl gemahlene Nelken
¼ Tl gemahlener Piment
240 g Kürbispüree

Außerdem
Butter für die Form

Zubereitungszeit: ca. 20 Minuten (plus Aufheiz- und Ruhezeit, Backzeit und Kühlzeit)
Pro Stück ca. 275 kcal/1154 kJ, 5 g E, 19 g F, 20 g KH

1. Die Butter in Stückchen mit der Milch in einen Topf geben und darin zerlassen. Vom Herd nehmen und abkühlen lassen. Die Kastenform gut einfetten.

2. Die Eier trennen und das Eiweiß sehr steif schlagen. Kühl stellen.

3. Eigelb mit dem Puderzucker weißschaumig schlagen. Das Mehl mit den Gewürzen vermischen, über die Eigelbmasse sieben und unterrühren. Das Kürbispüree und die Hälfte der Milchmischung zugeben, auf kleiner Stufe verrühren, dann die restliche Milch in dünnem Strahl einfließen lassen und gut verrühren. 2 Esslöffel des Eischnees ebenfalls in den Teig rühren, den Rest rasch, aber vorsichtig unterheben, sodass die Eischneeflocken sichtbar bleiben. Den Teig in die Form gießen.

4. Den Backofen auf 155 °C vorheizen und den Teig während dieser Zeit in der Form ruhen lassen. Anschließend im Backofen 50–60 Minuten backen, bis der Kuchen oben golden gebräunt ist, das Innere aber noch wackelt. Bei Zimmertemperatur auskühlen lassen und anschließend mindestens 4 Stunden, am besten über Nacht im Kühlschrank ruhen lassen.

Pistazienmus finden Sie in Bio- und Reformhäusern zu kaufen. Das Mus selbst herzustellen ist sehr teuer, da man dafür eine grössere Menge ungesalzene Pistazien guter Qualität braucht. Ein Gang zum Bioladen lohnt sich daher in jedem Fall.

Pistazien-Kirsch-Magic

Für 10 Stücke (Springform 24 cm Ø)

125 g Butter
500 ml frische Vollmilch
250 g frische Kirschen
4 Eier
140 g Zucker
1 Prise Salz
1 El Pistazienmus
50 g gemahlene Pistazien
110 g Mehl
30 g Pistazienhälften

Außerdem
Butter für die Form
gehackte Pistazien zum Bestreuen

Zubereitungszeit: ca. 45 Minuten (plus Aufheiz- und Ruhezeit, Backzeit und Kühlzeit)
Pro Stück ca. 327 kcal/1370 kJ, 6 g E, 20 g F, 30 g KH

1. Die Butter in Stückchen mit der Milch in einen Topf geben und darin zerlassen. Vom Herd nehmen und abkühlen lassen. Die Springform gut einfetten.

2. Die Kirschen waschen, trocknen, halbieren und entkernen. Eier trennen und das Eiweiß sehr steif schlagen. Kühl stellen.

3. Eigelb mit dem Zucker und dem Salz weißschaumig schlagen. Pistazienmus und gemahlene Pistazien einrühren. Das Mehl darübersieben und unterrühren. Nach und nach die Milchmischung einrühren. 2 Esslöffel des Eischnees ebenfalls in den Teig rühren, den Rest rasch, aber vorsichtig unterheben, sodass die Eischneeflocken sichtbar bleiben. Kirschen auf dem Boden der Springform verteilen, die Pistazien darüberstreuen, dann den Teig in die Form gießen.

4. Den Backofen auf 155 °C vorheizen und den Teig während dieser Zeit in der Form ruhen lassen. Anschließend im Backofen 50–60 Minuten backen, bis der Kuchen oben golden gebräunt ist, das Innere aber noch wackelt. Bei Zimmertemperatur auskühlen lassen und anschließend mindestens 4 Stunden, am besten über Nacht im Kühlschrank ruhen lassen.

Pfirsich-Marzipan-Magic

Für 12 Stücke (Springform 26 cm Ø)

4 Pfirsiche
4 El brauner Zucker
Mark von 1 Vanilleschote
60 g Marzipan
500 ml frische Vollmilch
125 g Butter
2 El Amaretto
4 Eier
140 g Zucker
110 g Mehl

Außerdem
Butter für die Form
frische Minze nach Belieben

Zubereitungszeit: ca. 45 Minuten (plus Aufheiz- und Ruhezeit, Backzeit und Kühlzeit)
Pro Stück ca. 268 kcal/1121 kJ, 5 g E, 13 g F, 31 g KH

1. Die Pfirsiche mit einem Sparschäler schälen, halbieren, den Kern lösen und in Spalten schneiden. Die Springform gut einfetten.

2. In einem Topf den braunen Zucker mit 2 Esslöffel Wasser schmelzen und hellbraun karamellisieren lassen. Das Vanillemark einrühren und den Karamell auf dem Boden der Springform verteilen. Die Pfirsichspalten von innen nach außen wie eine Blüte in den Karamell legen.

3. Das Marzipan fein hacken oder reiben. Mit der Milch glatt pürieren, dann in einem Topf mit der Butter mischen und leicht erwärmen, bis die Butter geschmolzen ist. Vom Herd nehmen, den Amaretto einrühren und handwarm abkühlen lassen. Dabei ab und zu umrühren.

4. Die Eier trennen und das Eiweiß sehr steif schlagen. Kühl stellen.

5. Eigelb mit dem Zucker weißschaumig schlagen. Das Mehl darübersieben und unterrühren. Nach und nach die Milchmischung einrühren. 2 Esslöffel des Eischnees ebenfalls in den Teig rühren, den Rest rasch, aber vorsichtig unterheben, sodass die Eischneeflocken sichtbar bleiben. Den Teig in die Form über die Pfirsiche gießen.

6. Den Backofen auf 155 °C vorheizen und den Teig während dieser Zeit in der Form ruhen lassen. Anschließend im Backofen 50–60 Minuten backen, bis der Kuchen oben golden gebräunt ist, das Innere aber noch wackelt. Bei Zimmertemperatur auskühlen lassen und mindestens vier Stunden, am besten über Nacht im Kühlschrank ruhen lassen. Auf eine Tortenplatte stürzen, mit Minzblättchen nach Belieben garnieren und servieren.

Banoffee-Magic

Für 12 Stücke (Springform 26 cm Ø)

5 Bananen
180 g Zucker
175 g Butter
Saft von 2 Limetten
100 ml Sahne
1 Prise Salz
500 ml frische Vollmilch
4 Eier
110 g Mehl

Außerdem
Butter für die Form

Zubereitungszeit: ca. 35 Minuten (plus Aufheiz- und Ruhezeit, Backzeit und Kühlzeit)
Pro Stück ca. 319 kcal/1338 kJ, 5 g E, 18 g F, 33 g KH

1. Die Backform gut einfetten. Die Bananen schälen und 4 davon in Scheiben schneiden. 3 Esslöffel Zucker mit 3 Esslöffeln Wasser in einem Topf zum Kochen bringen, die Hitze reduzieren und den Zucker hellbraun karamellisieren lassen.

2. 50 Gramm Butter einrühren, dann den Limettensaft und schließlich die Sahne und das Salz unterrühren. Einmal aufkochen lassen, die Bananen vorsichtig in dem Karamell wenden und auf dem Boden der Springform verteilen.

3. Den restlichen Zucker mit 1 Esslöffel Wasser in einer Saucenpfanne schmelzen, bis er hellbraun ist. Gleichzeitig die Milch erhitzen, aber nicht kochen lassen. Die warme Milch vorsichtig in den Zucker rühren, vom Herd nehmen und die restliche Butter in kleinen Stückchen einrühren. Die Karamellmilch abkühlen lassen.

4. Die Eier trennen und das Eiweiß sehr steif schlagen. Kühl stellen.

5. Eigelb weißschaumig schlagen. Das Mehl darübersieben und unterrühren. Die letzte Banane mit einer Gabel fein zerdrücken und in die Eigelb-Mehl-Mischung rühren. Nach und nach die Karamellmilch einrühren. 2 Esslöffel des Eischnees ebenfalls in den Teig rühren, den Rest rasch, aber vorsichtig unterheben, sodass die Eischneeflocken sichtbar bleiben. Den Teig in die Form gießen.

6. Den Backofen auf 155 °C vorheizen und den Teig während dieser Zeit in der Form ruhen lassen. Anschließend im Backofen 50–60 Minuten backen, bis der Kuchen oben golden gebräunt ist, das Innere aber noch wackelt. Bei Zimmertemperatur auskühlen lassen und anschließend mindestens 4 Stunden, am besten über Nacht im Kühlschrank ruhen lassen. Am nächsten Tag auf eine Kuchenplatte stürzen (!).

ANFANG DER 1970ER JAHRE WURDE DER *Banoffee Pie* IN GROSSBRITANNIEN ERFUNDEN. DA SICH DER KUCHEN GROSSER BELIEBTHEIT ERFREUTE, GING DAS WORT BANOFFEE SOGAR IN DIE ENGLISCHE SPRACHE EIN UND BEZEICHNET SEITDEM ALLES WAS NACH BANANE UND TOFFEE SCHMECKT.

Kirsch-Magic

Für 9 Stücke (Kastenform 20 x 20 cm)

Für den Kuchen

4 Eier
125 g Butter
140 g brauner Zucker
Mark von 1 Vanilleschote
110 g Mehl
500 ml frische Vollmilch
100 g eingekochte, abgetropfte
  Schattenmorellen

Für die Sauce

200 ml Kirschsaft
abgeriebene Schale von 1 Zitrone
1 El Zucker
1 El Butter
1 geh. Tl Stärke
4 cl Rum

Außerdem

Butter für die Form

Zubereitungszeit: ca. 40 Minuten (plus Aufheiz- und Ruhezeit, Backzeit und Kühlzeit)
Pro Stück ca. 366 kcal/1531 kJ, 7 g E, 21 g F, 34 g KH

1. Die Eier trennen und das Eiweiß sehr steif schlagen. Kühl stellen. Die Butter in einem Topf zerlassen und so lange köcheln lassen, bis sie schön gebräunt ist. Handwarm abkühlen lassen.

2. Eigelb mit Zucker und Vanillemark weißschaumig schlagen. Die Butter in dünnem Strahl dazurühren, dann das Mehl darübersieben und unterrühren. Nach und nach die Milch einrühren. 2 Esslöffel des Eischnees ebenfalls in den Teig rühren, den Rest rasch, aber vorsichtig unterheben, sodass die Eischneeflocken sichtbar bleiben. Den Teig zur Hälfte in die Form gießen, die Schattenmorellen darauf verteilen und den restlichen Teig darübergeben.

3. Den Backofen auf 155 °C vorheizen und den Teig während dieser Zeit in der Form ruhen lassen. Anschließend im Backofen 50–60 Minuten backen, bis der Kuchen oben golden gebräunt ist, das Innere aber noch wackelt. Bei Zimmertemperatur auskühlen lassen und anschließend mindestens 4 Stunden, am besten über Nacht im Kühlschrank ruhen lassen.

4. Den Kirschsaft mit dem Zitronenabrieb, dem Zucker und der Butter in einem Topf verrühren. Die Speisestärke mit 2 Esslöffeln des Gemischs glatt rühren, in den Topf geben, gut verrühren und zum Köcheln bringen. Den Rum unterrühren und die Sauce köcheln lassen, bis sie die gewünschte Sämigkeit erreicht hat. Abkühlen lassen und zum Kuchen servieren.

Waldfrucht-Cupcake-Magics

Für 12 Stück (1 12er-Muffinblech)

Für den Teig

200 g frische, gemischte Himbeeren,
    Blaubeeren und Brombeeren
125 g Butter
500 ml frische Vollmilch
4 Eier
140 g Zucker
110 g Mehl
1 El Rosenwasser

Für das Frosting

400 g Waldfrucht-Beeren-
    Mischung (TK)
130 g weiche Butter
80 g Puderzucker
300 g Doppelrahmfrischkäse

Außerdem

Butter für die Form

Zubereitungszeit: ca. 40 Minuten (plus Aufheiz- und Ruhezeit, Backzeit und Kühlzeit)
Pro Stück ca. 438 kcal/1833 kJ, 8 g E, 29 g F, 35 g KH

1. Die Beeren waschen, verlesen und trocken tupfen.

2. Die Butter in Stückchen mit der Milch in einen Topf geben und darin zerlassen. Vom Herd nehmen und abkühlen lassen. Das Muffinblech gut einfetten.

3. Die Eier trennen und das Eiweiß sehr steif schlagen. Kühl stellen.

4. Eigelb mit dem Zucker weißschaumig schlagen. Das Mehl darübersieben und unterrühren. Nach und nach die Milchmischung und das Rosenwasser einrühren. 2 Esslöffel des Eischnees ebenfalls in den Teig rühren, den Rest rasch, aber vorsichtig unterheben, sodass die Eischneeflocken sichtbar bleiben. Den Teig in die Form gießen. Dabei darauf achten, dass in jeder Mulde etwa gleich viel Eischnee vorhanden ist. Die Beeren auf die Mulden verteilen. Dabei 12 Beeren für die Dekoration beiseitelegen.

5. Den Backofen auf 155 °C vorheizen und den Teig während dieser Zeit in der Form ruhen lassen. Anschließend im Backofen ca. 25 Minuten backen, bis der Kuchen oben golden gebräunt ist, das Innere aber noch wackelt. Bei Zimmertemperatur auskühlen lassen und anschließend mindestens 4 Stunden, am besten über Nacht im Kühlschrank ruhen lassen.

6. Die Beeren für das Frosting auftauen lassen. Beeren pürieren und durch ein Sieb streichen. Die weiche Butter mit dem Puderzucker schaumig rühren, dann den Frischkäse und das Beerenpüree hinzufügen und alles gut verrühren. Die Creme in einen Spritzbeutel füllen und die Magic Cakes damit und mit je einer Beere verzieren.

Zitronen-Mohn-Magic

Für 10 Stücke (Springform 24 cm Ø)

125 g Butter
500 ml frische Vollmilch
4 Eier
190 g Zucker
115 g Mehl
30 g Mohn
Saft und Abrieb von 2 unbehandelten Zitronen
200 ml Sahne

Außerdem
Butter für die Form
Mohn für die Form
1 Zitrone zur Garnierung
einige Minzblättchen zur Garnierung

Zubereitungszeit: ca. 25 Minuten (plus Auf-
heiz- und Ruhezeit, Backzeit und Kühlzeit)
Pro Stück ca. 347 kcal/1455 kJ, 7 g E, 22 g F,
31 g KH

1. Die Butter in Stückchen mit der Milch in einen Topf geben und darin zerlassen. Vom Herd nehmen und abkühlen lassen. Die Springform gut einfetten und mit Mohn ausstreuen.

2. Die Eier trennen und das Eiweiß sehr steif schlagen. Kühl stellen.

3. Eigelb mit 160 Gramm Zucker weißschaumig schlagen. Das Mehl darübersieben und mit dem Mohn unterrühren. Nach und nach die Milchmischung einrühren, dann Zitronensaft und -abrieb einrühren. 2 Esslöffel des Eischnees ebenfalls in den Teig rühren, den Rest rasch, aber vorsichtig unterheben, sodass die Eischneeflocken sichtbar bleiben. Den Teig in die Form gießen.

4. Den Backofen auf 155 °C vorheizen und den Teig während dieser Zeit in der Form ruhen lassen. Anschließend im Backofen 50–60 Minuten backen, bis der Kuchen oben golden gebräunt ist, das Innere aber noch wackelt. Bei Zimmertemperatur auskühlen lassen und anschließend mindestens 4 Stunden, am besten über Nacht im Kühlschrank ruhen lassen.

5. Die Sahne steif schlagen, dabei den Zucker einrieseln lassen. Die Zitrone heiß waschen, abtrocknen und in dünne Scheiben scheiden. Die Sahne auf dem Kuchen verteilen und mit Zitronenscheiben und Minzeblättchen dekorieren.

Matcha-Himbeer-Magic

Für 12 Stücke (Springform 26 cm Ø)

Für den Kuchen

200 g frische Himbeeren
125 g Butter
500 ml frische Vollmilch
4 Eier
140 g Zucker
110 g Mehl
15 g Matchateepulver

Für das Topping

200 g Himbeeren
8 El griechischen Joghurt
200 g Mascarpone
3 El feinster Zucker
Mark von 1 Vanilleschote

Außerdem

Butter für die Form

Zubereitungszeit: ca. 35 Minuten (plus Aufheiz- und Ruhezeit, Backzeit und Kühlzeit)
Pro Stück ca. 325 kcal/1364 kJ, 6 g E, 21 g F, 28 g KH

1. Die Himbeeren waschen, verlesen und vorsichtig trocken tupfen. Die Butter in Stückchen mit der Milch in einen Topf geben und darin zerlassen. Vom Herd nehmen und abkühlen lassen. Die Form gut einfetten.

2. Die Eier trennen und das Eiweiß sehr steif schlagen. Kühl stellen.

3. Eigelb mit dem Zucker weißschaumig schlagen. Das Mehl und das Matchateepulver darübersieben und unterrühren. Nach und nach die Milchmischung einrühren. 2 Esslöffel des Eischnees ebenfalls in den Teig rühren, den Rest rasch, aber vorsichtig unterheben, sodass die Eischneeflocken sichtbar bleiben. Den Teig zur Hälfte in die Form gießen, die Himbeeren darüber verteilen und den Rest des Teigs in die Form gießen.

4. Den Backofen auf 155 °C vorheizen und den Teig während dieser Zeit in der Form ruhen lassen. Anschließend im Backofen 50–60 Minuten backen, bis der Kuchen oben golden gebräunt ist, das Innere aber noch wackelt. Bei Zimmertemperatur auskühlen lassen und anschließend mindestens 4 Stunden, am besten über Nacht im Kühlschrank ruhen lassen.

5. Für das Topping die Himbeeren waschen, verlesen und vorsichtig trocken tupfen, dann pürieren und durch ein Sieb streichen. Das Püree mit den restlichen Zutaten verrühren und die Creme auf den Kuchen streichen. Sofort servieren.

Karotten-Magic

Für 9 Stücke (Kastenform 20 x 20 cm)

125 g Butter
500 ml frische Vollmilch
4 Eier
170 g Rohrohrzucker
110 g Mehl
1 El Lebkuchengewürz
100 g Möhrenpüree
100 g geraspelte Möhren

Außerdem
Butter für die Form

Zubereitungszeit: ca. 25 Minuten (plus Aufheiz- und Ruhezeit, Backzeit und Kühlzeit)
Pro Stück ca. 301 kcal/1262 kJ, 6 g E, 16 g F, 31 g KH

1. Die Butter in Stückchen mit der Milch in einen Topf geben und darin zerlassen. Vom Herd nehmen und abkühlen lassen. Die Springform gut einfetten.

2. Die Eier trennen und das Eiweiß sehr steif schlagen. Kühl stellen.

3. Eigelb mit dem Zucker weißschaumig schlagen. Das Mehl darübersieben und mit dem Lebkuchengewürz, dem Möhrenpüree und den geraspelten Möhren unterrühren. Nach und nach die Milchmischung sowie 2 Esslöffel des Eischnees einrühren. Den restlichen Eischnee rasch, aber vorsichtig unterheben, sodass die Eischneeflocken sichtbar bleiben. Den Teig in die Form gießen.

4. Den Backofen auf 155 °C vorheizen und den Teig während dieser Zeit in der Form ruhen lassen. Anschließend im Backofen 50–60 Minuten backen, bis der Kuchen oben golden gebräunt ist, das Innere aber noch wackelt. Bei Zimmertemperatur auskühlen lassen und anschließend mindestens 4 Stunden, am besten über Nacht im Kühlschrank ruhen lassen.

Pekannuss-Magic

Für 9 Stücke (Kastenform 20 x 20 cm)

150 g gehackte Pekannüsse
100 ml Ahornsirup
125 g Butter
500 ml frische Vollmilch
4 Eier
100 g Rohrohrzucker
110 g Mehl

Außerdem
Butter für die Form

Zubereitungszeit: ca. 35 Minuten (plus Auf-
heiz- und Ruhezeit, Backzeit und Kühlzeit)
Pro Stück ca. 415 kcal/1739 kJ, 8 g E, 28 g F,
32 g KH

1. Die Kastenform gut einfetten. Die Pekannüsse in einer Pfanne ohne Fett goldbraun rösten. 100 Gramm abwiegen und beiseitestellen, die übrigen mit 2 Esslöffeln Ahornsirup vermischen und auf dem Boden der Form verteilen.

2. Den restlichen Ahornsirup mit der klein geschnittenen Butter und der Milch in einem Topf verrühren und erhitzen, bis die Butter geschmolzen ist. Vom Herd nehmen und abkühlen lassen.

3. Die Eier trennen und das Eiweiß sehr steif schlagen. Kühl stellen.

4. Eigelb mit dem Zucker weißschaumig schlagen. Das Mehl darübersie-ben und unterrühren. Nach und nach die Milchmischung einrühren. 2 Esslöffel des Eischnees ebenfalls in den Teig rühren, den Rest rasch, aber vorsichtig unterheben, sodass die Eischneeflocken sichtbar bleiben. Den Teig in die Form gießen und die restlichen Pekannüsse darauf verteilen. Die Form mit Alufolie abdecken.

5. Den Backofen auf 155 °C vorheizen und den Teig während dieser Zeit in der Form ruhen lassen. Anschließend im Backofen 35–40 Minuten backen. Dann die Alufolie entfernen und den Kuchen noch ca. 15 Minuten backen, bis er oben golden gebräunt ist, das Innere aber noch wackelt. Bei Zimmer-temperatur auskühlen lassen und anschließend mindestens 4 Stunden, am besten über Nacht im Kühlschrank ruhen lassen.

Brombeer-Magic

Für 9 Stücke (Kastenform 20 x 20 cm)

125 g Butter
480 ml frische Vollmilch
250 g Brombeeren
4 Eier
140 g Zucker
110 g Mehl

Außerdem
Butter für die Form

Zubereitungszeit: ca. 30 Minuten (plus Aufheiz- und Ruhezeit, Backzeit und Kühlzeit)
Pro Stück ca. 272 kcal/1140 kJ, 7 g E, 13 g F, 23 g KH

1. Die Butter in Stückchen mit der Milch in einen Topf geben und darin zerlassen. Vom Herd nehmen und abkühlen lassen. Die Kastenform gut einfetten.

2. Die Brombeeren waschen, verlesen und gut trocken tupfen. 50 Gramm der Brombeeren pürieren und durch ein feines Sieb streichen.

3. Die Eier trennen und das Eiweiß sehr steif schlagen. Kühl stellen.

4. Eigelb mit dem Zucker weißschaumig schlagen. Das Mehl darübersieben und unterrühren. Nach und nach die Milchmischung, dann das Brombeerpüree einrühren. 2 Esslöffel des Eischnees ebenfalls in den Teig rühren, den Rest rasch, aber vorsichtig unterheben, sodass die Eischneeflocken sichtbar bleiben. Die Hälfte des Teigs in die Form gießen, die Beeren darauf verteilen und den restlichen Teig darüber verteilen.

5. Den Backofen auf 155 °C vorheizen und den Teig während dieser Zeit in der Form ruhen lassen. Anschließend im Backofen 50–60 Minuten backen, bis der Kuchen oben golden gebräunt ist, das Innere aber noch wackelt. Bei Zimmertemperatur auskühlen lassen und anschließend mindestens 4 Stunden, am besten über Nacht im Kühlschrank ruhen lassen.

Der Brombeer-Magic lässt sich auch sehr leicht in einen *Himbeer-Magic* verwandeln, wenn man keine frischen Brombeeren bekommt. Einfach die Brombeeren gegen Himbeeren austauschen.

Kokosnuss-Magic

Für 12 Stücke (Springform 26 cm Ø)

125 g Butter
500 ml Kokosmilch
4 Eier
140 g Zucker
100 g Kokosflocken
90 g Mehl

Außerdem

Butter für die Form
50 g geraspelte dunkle Schokolade
   (75 % Kakaoanteil)

Zubereitungszeit: ca. 20 Minuten (plus Aufheiz- und Ruhezeit, Backzeit und Kühlzeit)
Pro Stück ca. 259 kcal/1085 kJ, 5 g E, 18 g F, 20 g KH

1. Die Butter in einem Topf zerlassen, etwas abkühlen lassen, dann die Kokosmilch einrühren. Die Backform gut einfetten.

2. Die Eier trennen und das Eiweiß sehr steif schlagen. Kühl stellen.

3. Eigelb mit dem Zucker weißschaumig schlagen. Kokosflocken und Mehl einrühren. Nach und nach die Kokosmilchmischung einrühren und 2 Esslöffel des Eischnees einrühren, dann den restlichen Eischnee rasch, aber vorsichtig unterheben, sodass die Eischneeflocken sichtbar bleiben. Den Teig in die Form gießen.

4. Den Backofen auf 155 °C vorheizen und den Teig während dieser Zeit in der Form ruhen lassen. Anschließend im Backofen 50–60 Minuten backen, bis der Kuchen oben golden gebräunt ist, das Innere aber noch wackelt. Bei Zimmertemperatur auskühlen lassen und anschließend mindestens 4 Stunden, am besten über Nacht im Kühlschrank ruhen lassen.

5. Vor dem Servieren die Kuchenoberfläche mit geraspelter Schokolade bestreuen.

Kürbis-Schokoladen-Magic

Für 12 Stücke (Kastenform 20 x 20 cm)

Für den Schokoladenteig

60 g Butter
50 g dunkle Schokolade
   (70 % Kakaoanteil)
250 ml frische Vollmilch
2 Eier
70 g Zucker
55 g Mehl
1 El ungesüßtes Kakaopulver
1 geh. Tl Zimt

Für den Kürbisteig

60 g Butter
250 ml frische Vollmilch
2 Eier
70 g Zucker
55 g Mehl
100 g Kürbispüree
1 geh. Tl Spekulatiusgewürz

Für die Garnierung

200 ml Sahne
40 g Zucker
Mark von 1 Vanilleschote

Außerdem

Butter für die Form

Zubereitungszeit: ca. 55 Minuten (plus Aufheiz- und Ruhezeit, Backzeit und Kühlzeit)
Pro Stück ca. 297 kcal/1257 kJ, 6 g E, 19 g F, 26 g KH

1. Für den Schokoladenteig die Butter und die Schokolade in Stückchen mit der Milch in einem Topf schmelzen. Gut verrühren, vom Herd nehmen und abkühlen lassen. Die Kastenform gut einfetten.

2. Die Eier trennen und das Eiweiß sehr steif schlagen. Kühl stellen.

3. Eigelb mit dem Zucker weißschaumig schlagen. Mehl, Kakao und Zimt unterrühren, dann nach und nach die Schokoladenmilch und 2 Esslöffel des Eischnees in den Teig rühren. Den restlichen Eischnee rasch, aber vorsichtig unterheben, sodass die Eischneeflocken sichtbar bleiben. Den Teig in die Form gießen.

4. Für den Kürbisteig die Butter in Stückchen mit der Milch in einen Topf geben und darin zerlassen. Vom Herd nehmen und abkühlen lassen.

5. Die Eier trennen und das Eiweiß sehr steif schlagen. Kühl stellen.

6. Eigelb mit dem Zucker weißschaumig schlagen. Mehl, Kürbispüree und Gewürz einrühren. Dann die Milchbutter und 2 Esslöffel des Eischnees in den Teig rühren. Den restlichen Eischnee rasch, aber vorsichtig unterheben, sodass die Eischneeflocken sichtbar bleiben. Den Teig über den Schokoladenteig in die Form gießen.

7. Den Backofen auf 155 °C vorheizen und den Teig während dieser Zeit in der Form ruhen lassen. Anschließend im Backofen 50–60 Minuten backen, bis der Kuchen oben golden gebräunt ist, das Innere aber noch wackelt. Bei Zimmertemperatur auskühlen lassen und mindestens 4 Stunden, am besten über Nacht im Kühlschrank ruhen lassen.

8. Die Sahne steif schlagen, dabei den Zucker einrieseln lassen und das Vanillemark zugeben. Die Sahne locker auf der Kuchenoberfläche verteilen und servieren.

Blaubeer-Magic

Für 12 Stücke (Springform 26 cm Ø)

Für den Teig

125 g Butter
500 ml frische Vollmilch
4 Eier
140 g Zucker
110 g Mehl
4 El Limoncello

Für den Belag

200 g Blaubeeren
200 g Schmand
50 g Mascarpone
1 Ei
40 g Zucker
1 P. Vanillezucker

Außerdem

Butter für die Form

Zubereitungszeit: ca. 40 Minuten (plus Aufheiz- und Ruhezeit, Backzeit und Kühlzeit)
Pro Stück ca. 312 kcal/1307 kJ, 6 g E, 19 g F, 27 g KH

1. Die Butter in Stückchen mit der Milch in einen Topf geben und darin zerlassen. Vom Herd nehmen und abkühlen lassen. Die Springform gut einfetten.

2. Die Eier trennen und das Eiweiß sehr steif schlagen. Kühl stellen.

3. Eigelb mit dem Zucker weißschaumig schlagen. Das Mehl darübersieben und unterrühren. Nach und nach die Milchmischung und den Limoncello einrühren. 2 Esslöffel des Eischnees ebenfalls in den Teig rühren, den Rest rasch, aber vorsichtig unterheben, sodass die Eischneeflocken sichtbar bleiben. Den Teig in die Form gießen.

4. Den Backofen auf 155 °C vorheizen und den Teig während dieser Zeit in der Form ruhen lassen. Anschließend im Backofen ca. 20 Minuten backen lassen.

5. Unterdessen die Blaubeeren waschen, verlesen und trocken tupfen. Schmand, Mascarpone, das Ei, Zucker und Vanillezucker glatt rühren. Den Kuchen aus dem Ofen nehmen, die Blaubeeren darauf verteilen, den Guss darüberstreichen und den Kuchen in den Ofen zurückstellen. Die Temperatur auf 175 °C erhöhen und den Kuchen noch weitere ca. 25 Minuten backen, bis der Guss gestockt und leicht gebräunt ist. Bei Zimmertemperatur auskühlen lassen und anschließend mindestens 4 Stunden, am besten über Nacht im Kühlschrank ruhen lassen.

Macadamia-brittle-Magic

Für 12 Stücke (Springform 26 cm Ø)

100 g Macadamianüsse
240 g Zucker
140 g Butter
400 ml frische Vollmilch
100 ml Sahne
4 Eier
110 g Mehl
Mark von 1 Vanilleschote

Außerdem
Butter für die Form
Backpapier

Zubereitungszeit: ca. 55 Minuten (plus Aufheiz- und Ruhezeit, Backzeit und Kühlzeit)
Pro Stück ca. 320 kcal/1340 kJ, 5 g E, 21 g F, 29 g KH

1. Ein Stück Backpapier auf der Arbeitsfläche bereitlegen. Die Macadamianüsse hacken. 100 Gramm Zucker in einer weiten Pfanne mit schwerem Boden schmelzen, dabei nicht umrühren. Sobald der Zucker flüssig ist, 15 Gramm Butter mit einem Holzlöffel zufügen und hellbraun karamellisieren lassen. Die gehackten Nüsse einrühren und etwas nachbräunen lassen, dann die Mischung auf ein Backpapier streichen. Ein weiteres Stück Backpapier darauflegen und mit einem Nudelholz die Krokantmasse ausrollen. Das obere Backpaier abziehen, den Krokant vollständig auskühlen lassen und mit einem Messer fein hacken.

2. Die restliche Butter in Stückchen mit der Milch und der Sahne in einen Topf geben und darin zerlassen. Vom Herd nehmen und abkühlen lassen. Die Springform gut einfetten.

3. Die Eier trennen und das Eiweiß sehr steif schlagen. Kühl stellen.

4. Eigelb mit dem restlichen Zucker weißschaumig schlagen. Das Mehl darübersieben und unterrühren. Nach und nach die Milchmischung und das Vanillemark einrühren. 2 Esslöffel des Eischnees ebenfalls in den Teig rühren. Den restlichen Eischnee und den Macadamiakrokant rasch, aber vorsichtig unterheben, sodass die Eischneeflocken sichtbar bleiben. Den Teig in die Form gießen.

5. Den Backofen auf 155 °C vorheizen und den Teig während dieser Zeit in der Form ruhen lassen. Anschließend im Backofen 50–60 Minuten backen, bis der Kuchen oben golden gebräunt ist, das Innere aber noch wackelt. Bei Zimmertemperatur auskühlen lassen und anschließend mindestens 4 Stunden, am besten über Nacht im Kühlschrank ruhen lassen.

Erdbeer-Magic

Für 12 Stücke (Springform 28 cm Ø)

125 g Butter
500 ml frische Vollmilch
4 Eier
170 g Zucker
Mark von 1 Vanilleschote
110 g Mehl
abgeriebene Schale von ½
    unbehandelten Zitrone
600 g Erdbeeren
2 P. Tortenguss

Außerdem
Butter für die Form

Zubereitungszeit: ca. 40 Minuten (plus Aufheiz- und Ruhezeit, Backzeit und Kühlzeit)
Pro Stück ca. 238 kcal/995 kJ, 5 g E, 13 g F, 26 g KH

1. Die Butter in Stückchen mit der Milch in einen Topf geben und darin zerlassen. Vom Herd nehmen und abkühlen lassen. Die Springform gut einfetten.

2. Die Eier trennen und das Eiweiß sehr steif schlagen. Kühl stellen.

3. Eigelb mit 140 Gramm Zucker und dem Vanillemark weißschaumig schlagen. Das Mehl darübersieben und mit der Zitronenschale unterrühren. Nach und nach die Milchmischung einrühren. 2 Esslöffel des Eischnees ebenfalls in den Teig rühren, den Rest rasch, aber vorsichtig unterheben, sodass die Eischneeflocken sichtbar bleiben. Den Teig in die Form gießen.

4. Den Backofen auf 155 °C vorheizen und den Teig während dieser Zeit in der Form ruhen lassen. Anschließend im Backofen 40–50 Minuten backen, bis der Kuchen oben golden gebräunt ist, das Innere aber noch wackelt. Bei Zimmertemperatur auskühlen lassen und anschließend mindestens 4 Stunden, am besten über Nacht im Kühlschrank ruhen lassen.

5. Am nächsten Tag die Erdbeeren waschen, putzen und gut trocken tupfen. Die Früchte auf der Oberfläche des Kuchens verteilen. Tortenguss mit dem restlichen Zucker nach Packungsangabe kochen und vorsichtig löffelweise über die Beeren geben. Auskühlen lassen und servieren.

Magics mit Alkohol

Magischer Schokocake mit Baileys

Für 12 Stücke (Kastenform 20 x 20 cm)

Für die Ganache

600 g weiße Schokolade
200 ml Sahne
30 ml Baileys

Für den Kuchen

125 g Butter
100 g dunkle Milchschokolade
(50 % Kakaoanteil)
400 ml frische Vollmilch
50 ml Baileys
4 Eier
160 g Zucker
Mark von 1 Vanilleschote
110 g Mehl
3 El ungesüßtes Kakaopulver
50 ml kalter starker Espresso

Außerdem

Butter für die Form

Zubereitungszeit: ca. 50 Minuten (plus Aufheiz- und Ruhezeit, Backzeit und Kühl-/Ziehzeit)
Pro Stück ca. 551 kcal/2305 kJ, 8 g E, 33 g F, 55 g KH

1. Für die Ganache die Schokolade fein reiben und in eine große Schüssel geben. Die Sahne zum Kochen bringen, dann über die Schokolade gießen. Etwa 3 Minuten stehen lassen, dann den Baileys zugeben und rühren, bis eine homogene Masse entstanden ist. Abgedeckt bei Zimmertemperatur ziehen lassen, bis auch der Kuchen fertig ist.

2. Die Butter und Schokolade in Stückchen mit der Milch in einen Topf geben und darin schmelzen. Vom Herd nehmen und abkühlen lassen, dann den Baileys einrühren. Die Kastenform gut einfetten.

3. Die Eier trennen und das Eiweiß sehr steif schlagen. Kühl stellen.

4. Eigelb mit dem Zucker und dem Vanillemark weißschaumig schlagen. Das Mehl darübersieben und mit dem Kakao unterrühren. Den Espresso und dann nach und nach die Milchmischung einrühren. 2 Esslöffel des Eischnees ebenfalls in den Teig rühren, den Rest rasch, aber vorsichtig unterheben, sodass die Eischneeflocken sichtbar bleiben. Den Teig in die Form gießen.

5. Den Backofen auf 155 °C vorheizen und den Teig während dieser Zeit in der Form ruhen lassen. Anschließend im Backofen 50–60 Minuten backen, bis der Kuchen oben golden gebräunt ist, das Innere aber noch wackelt. Bei Zimmertemperatur auskühlen lassen und anschließend mindestens 4 Stunden, am besten über Nacht im Kühlschrank ruhen lassen.

6. Die Ganache mit dem Mixer kurz aufschlagen, dann die Oberfläche des Magic Cakes damit bestreichen. In Stücke schneiden und servieren.

Schokomagic mit dunklem Bier

Für 9 Stücke (Kastenform 20 x 20 cm)

125 g Butter
250 ml frische Vollmilch
4 Eier
200 g Puderzucker
110 g Mehl
60 g ungesüßtes Kakaopulver
300 ml dunkles Bier oder Malzbier

Außerdem

Butter für die Form
ungesüßtes Kakaopulver zum
　Bestäuben

Zubereitungszeit: ca. 20 Minuten (plus Aufheiz- und Ruhezeit, Backzeit und Kühlzeit)
Pro Stück ca. 326 kcal/1367 kJ, 7 g E, 17 g F, 34 g KH

1. Die Butter in Stückchen mit der Milch in einen Topf geben und darin zerlassen. Vom Herd nehmen und abkühlen lassen. Die Kastenform gut einfetten.

2. Die Eier trennen und das Eiweiß sehr steif schlagen. Kühl stellen.

3. Eigelb mit dem Puderzucker weißschaumig schlagen. Mehl und Kakaopulver darübersieben und unterrühren. Nach und nach die Milchmischung und dann das Bier einrühren. 2 Esslöffel des Eischnees ebenfalls in den Teig rühren, den Rest rasch, aber vorsichtig unterheben, sodass die Eischneeflocken sichtbar bleiben. Den Teig in die Form gießen.

4. Den Backofen auf 155 °C vorheizen und den Teig während dieser Zeit in der Form ruhen lassen. Anschließend im Backofen 50–60 Minuten backen, bis der Kuchen oben golden gebräunt ist, das Innere aber noch wackelt. Bei Zimmertemperatur auskühlen lassen und anschließend mindestens 4 Stunden, am besten über Nacht im Kühlschrank ruhen lassen. Mit Kakaopulver bestäubt servieren.

Cassata-Magic

Für 12 Stücke (Springform 26 cm Ø)

100 g kandierte Früchte
125 g Butter
500 ml frische Vollmilch
4 Eier
170 g Zucker
110 g Mehl
150 g Ricotta
50 ml Maraschinolikör
40 g geriebene dunkle Schokolade
   (70 % Kakaoanteil)
Mark von 1 Vanilleschote
25 g Pistazienkerne
200 ml Schlagsahne

Außerdem
Butter für die Form

Zubereitungszeit: ca. 45 Minuten (plus Aufheiz- und Ruhezeit, Backzeit und Kühlzeit)
Pro Stück ca. 353 kcal/1479 kJ, 7 g E, 21 g F, 32 g KH

1. Die kandierten Früchte sehr fein hacken. Die Butter in Stückchen mit der Milch in einen Topf geben und darin zerlassen. Vom Herd nehmen und abkühlen lassen. Die Springform gut einfetten.

2. Die Eier trennen und das Eiweiß sehr steif schlagen. Kühl stellen.

3. Eigelb mit 140 Gramm Zucker weißschaumig schlagen. Das Mehl darübersieben und unterrühren. Der Reihe nach Ricotta, die Milchmischung, Maraschinolikör, die kandierten Früchte, Schokolade, Vanillemark und 2 Esslöffel Eischnee einrühren. Den restlichen Eischnee rasch, aber vorsichtig unterheben, sodass die Eischneeflocken sichtbar bleiben. Den Teig in die Form gießen.

4. Den Backofen auf 155 °C vorheizen und den Teig während dieser Zeit in der Form ruhen lassen. Anschließend im Backofen 50–60 Minuten backen, bis der Kuchen oben golden gebräunt ist, das Innere aber noch wackelt. Bei Zimmertemperatur auskühlen lassen und anschließend mindestens 4 Stunden, am besten über Nacht im Kühlschrank ruhen lassen.

5. Die Pistazienkerne fein hacken. Die Sahne mit dem restlichen Zucker steif schlagen. Den Kuchen stürzen, mit der Sahne bestreichen und mit den Pistazien bestreuen.

Die Cassata ist eine sizilianische Schichttorte, die traditionell zu Ostern und zu Hochzeiten gebacken wurde. Im Original ist es eine Biskuittorte mit kandierten Früchten und Ricotta, die aber hier als Magic Cake auch hervorragend funktioniert.

Eierlikör-Magic

Für 12 Stücke (Springform 26 cm Ø)

125 g Butter
400 ml frische Vollmilch
100 ml Eierlikör
4 Eier
140 g Zucker
110 g Mehl
75 g Schokotröpfchen

Außerdem
Butter für die Form

Zubereitungszeit: ca. 25 Minuten (plus Auf-
heiz- und Ruhezeit, Backzeit und Kühlzeit)
Pro Stück ca. 263 kcal/1103 kJ, 5 g E, 15 g F,
26 g KH

1. Die Butter in Stückchen mit der Milch in einen Topf geben und darin zerlassen. Vom Herd nehmen, abkühlen lassen und den Eierlikör einrühren. Die Springform gut einfetten.

2. Die Eier trennen und das Eiweiß sehr steif schlagen. Kühl stellen.

3. Eigelb mit dem Zucker weißschaumig schlagen. Das Mehl darübersie-ben und unterrühren. Nach und nach die Eierlikörmilch und 2 Esslöffel des Eischnees in den Teig rühren. Den restlichen Eischnee mit den Schoko-tröpfchen rasch, aber vorsichtig unterheben, sodass die Eischneeflocken sichtbar bleiben. Den Teig in die Form gießen.

4. Den Backofen auf 155 °C vorheizen und den Teig während dieser Zeit in der Form ruhen lassen. Anschließend im Backofen 50–60 Minuten backen, bis der Kuchen oben golden gebräunt ist, das Innere aber noch wackelt. Bei Zimmertemperatur auskühlen lassen und anschließend mindestens 4 Stunden, am besten über Nacht im Kühlschrank ruhen lassen.

Caipi-Magic

Für 12 Stücke (Springform 26 cm Ø)

125 g Butter
4 Eier
140 g brauner Zucker
110 g Mehl
440 ml Buttermilch
60 ml Cachaça
Schale von 1 unbehandelten
  Limette
60 ml frisch gepresster Limettensaft
  (entspricht 1–2 Limetten)
200 ml Sahne
30 g Zucker

Außerdem
Butter für die Form
Limettenzucker (FP) zum Bestreuen

Zubereitungszeit: ca. 30 Minuten (plus Aufheiz- und Ruhezeit, Backzeit und Kühlzeit)
Pro Stück ca. 268 kcal/1220 kJ, 5 g E, 16 g F, 23 g KH

1. Die Butter in einem kleinen Topf zerlassen, dann bei geringer Hitze leicht bräunen lassen. Handwarm abkühlen lassen.

2. Die Eier trennen und das Eiweiß sehr steif schlagen. Kühl stellen.

3. Eigelb mit dem braunen Zucker weißschaumig schlagen. Die gebräunte Butter in feinem Strahl einrühren. Das Mehl darübersieben und einrühren. Die Buttermilch mit Cachaça, Limettenabrieb und Saft vermischen und nach und nach in die Eigelb-Mehl-Masse einrühren, zuletzt 2 Esslöffel Eischnee unterrühren. Den restlichen Eischnee rasch, aber vorsichtig unterheben, sodass die Eischneeflocken sichtbar bleiben. Den Teig in die Form gießen.

4. Den Backofen auf 155 °C vorheizen und den Teig während dieser Zeit in der Form ruhen lassen. Anschließend im Backofen 50–60 Minuten backen, bis der Kuchen oben golden gebräunt ist, das Innere aber noch wackelt. Bei Zimmertemperatur auskühlen lassen und anschließend mindestens 4 Stunden, am besten über Nacht im Kühlschrank ruhen lassen.

5. Die Sahne steif schlagen, den Zucker nach und nach einrieseln lassen und in einem Spritzbeutel mit Sterntülle umfüllen. Den Kuchen mit der Sahne verzieren, mit Limettenzucker bestreuen und sofort servieren.

Campari-O-Magic

Für 12 Stücke (Kastenform 22 x 22 cm)

Für den Kuchen

125 g Butter
500 ml frische Vollmilch
3 Bio-Blutorangen
4 Eier
140 g Zucker
120 g Mehl

Für die Sauce

250 ml Orangen- oder
  Blutorangensaft
2 El Puderzucker
5 cl Campari

Außerdem

Butter für die Form

Zubereitungszeit: ca. 40 Minuten (plus Auf-
heiz- und Ruhezeit, Backzeit und Kühlzeit)
Pro Stück ca. 366 kcal/1531 kJ, 7 g E, 21 g F,
34 g KH

1. Die Butter in Stückchen mit der Milch in einen Topf geben und darin zerlassen. Vom Herd nehmen und abkühlen lassen. Die Kastenform gut einfetten.

2. Die Blutorangen heiß waschen und trocknen. 1 Teelöffel Orangenschale fein abreiben und 1 Orange auspressen. Abrieb und Saft miteinander vermischen. Die restlichen Orangen filetieren.

3. Die Eier trennen und das Eiweiß sehr steif schlagen. Kühl stellen.

4. Eigelb mit dem Zucker weißschaumig schlagen. Das Mehl darübersieben und unterrühren. Nach und nach die Milchmischung einrühren, anschließend den Blutorangensaft zugießen. 2 Esslöffel des Eischnees ebenfalls in den Teig rühren, den Rest rasch, aber vorsichtig unterheben, sodass die Eischneeflocken sichtbar bleiben. Den Teig in die Form gießen, dann die Orangenfilets vorsichtig darauf verteilen.

5. Den Backofen auf 155 °C vorheizen und den Teig während dieser Zeit in der Form ruhen lassen. Anschließend im Backofen 50–60 Minuten backen, bis der Kuchen oben golden gebräunt ist, das Innere aber noch wackelt. Bei Zimmertemperatur auskühlen lassen und anschließend mindestens 4 Stunden, am besten über Nacht im Kühlschrank ruhen lassen.

6. Für die Sauce den Orangensaft mit dem Puderzucker in einem Topf zum Kochen bringen und offen etwas einkochen lassen. Vom Herd nehmen, den Campari einrühren und vollständig auskühlen lassen. Zum Kuchen servieren.

Magic-Cake
mit Calvadosäpfeln

Für 12 Stücke (Springform 26 cm Ø)

2 säuerliche Äpfel (z.B. Boskop)
140 g Butter
150 g Zucker
4 El Calvados
500 ml frische Vollmilch
4 Eier
110 g Mehl

Außerdem

Butter für die Form
feine Apfelscheiben und frische
    Minzblättchen zum Verzieren

Zubereitungszeit: ca. 35 Minuten (plus Auf-
heiz- und Ruhezeit, Backzeit und Kühlzeit)
Pro Stück ca. 248 kcal/1041 kJ, 5 g E, 13 g F,
23 g KH

1. Die Äpfel waschen, schälen, putzen, in Viertel schneiden und quer in feine Scheiben schneiden. 15 Gramm Butter in einem Topf bei mittlerer Hitze zerlassen, die Äpfel darin schwenken. 1 Esslöffel Zucker dazugeben, rühren bis er geschmolzen ist und mit 2 Esslöffeln Calvados ablöschen. So lange weiterdünsten, bis alle Flüssigkeit verdampft ist, die Äpfel aber nicht zerkocht sind. In einer Schüssel beiseitestellen und abkühlen lassen.

2. Die restliche Butter in Stückchen mit der Milch in den Topf geben und darin zerlassen. Vom Herd nehmen, den restlichen Calvados einrühren und die Mischung abkühlen lassen. Die Springform gut einfetten.

3. Die Eier trennen und das Eiweiß sehr steif schlagen. Kühl stellen.

4. Eigelb mit dem restlichen Zucker weißschaumig schlagen. Das Mehl dar-übersieben und unterrühren. Nach und nach die Milchmischung einrühren. 2 Esslöffel des Eischnees ebenfalls in den Teig rühren, den Rest rasch, aber vorsichtig unterheben, sodass die Eischneeflocken sichtbar bleiben. Den Teig zur Hälfte in die Form gießen, die Calvadosäpfel darauf verteilen und den restlichen Teig darübergießen.

5. Den Backofen auf 155 °C vorheizen und den Teig während dieser Zeit in der Form ruhen lassen. Anschließend im Backofen 50–60 Minuten backen, bis der Kuchen oben golden gebräunt ist, das Innere aber noch wackelt. Bei Zimmertemperatur auskühlen lassen und anschließend mindestens 4 Stunden, am besten über Nacht im Kühlschrank ruhen lassen. Mit feinen Apfelscheiben und Minzeblättchen nach Belieben verzieren und servieren.

Magischer Brandy Alexander

Für 12 Stücke (Kastenform 20 x 20 cm)

Für den Kuchen

125 g Butter
400 ml frische Vollmilch
100 ml Schlagsahne
2 cl Brandy
2 cl Crème de Cacao
4 Eier
140 g Zucker
110 g Mehl

Für das Topping

200 ml kalte Schlagsahne
30 g Zucker
etwas Muskatnuss

Außerdem

Butter für die Form

Zubereitungszeit: ca. 30 Minuten (plus Aufheiz- und Ruhezeit, Backzeit und Kühlzeit)
Pro Stück ca. 362 kcal/1516 kJ, 6 g E, 24 g F, 29 g KH

1. Die Butter in Stückchen mit der Milch und der Sahne in einen Topf geben und darin zerlassen. Vom Herd nehmen, Brandy und Crème de Cacao einrühren und abkühlen lassen. Die Springform gut einfetten.

2. Die Eier trennen und das Eiweiß sehr steif schlagen. Kühl stellen.

3. Eigelb mit dem Zucker weißschaumig schlagen. Das Mehl darübersieben und unterrühren. Nach und nach die Milchmischung einrühren. 2 Esslöffel des Eischnees ebenfalls in den Teig rühren, den Rest rasch, aber vorsichtig unterheben, sodass die Eischneeflocken sichtbar bleiben. Den Teig in die Form gießen.

4. Den Backofen auf 155 °C vorheizen und den Teig während dieser Zeit in der Form ruhen lassen. Anschließend im Backofen 50–60 Minuten backen, bis der Kuchen oben golden gebräunt ist, das Innere aber noch wackelt. Bei Zimmertemperatur auskühlen lassen und anschließend mindestens 4 Stunden, am besten über Nacht im Kühlschrank ruhen lassen.

5. Am nächsten Tag den Kuchen auf eine Kuchenplatte stürzen (!). Die Sahne steif schlagen, dabei nach und nach den Zucker einrieseln lassen und mit 1 Prise Muskat aromatisieren. Die Sahne leicht-flockig auf der Oberfläche des Kuchens verteilen und sofort servieren.

Dieser Kuchen ist eine kleine Hommage an den *After-Dinner-Cocktail* gleichen Namens. Beim Original, dem Alexander, wurde statt Brandy Gin verwendet; auch eine leckere Kuchenvariante!

Besondere Magics

Christmas-Magic

Für 12 Stücke (Springform 26 cm Ø)

Für den Kuchen

200 g Gewürzprinten
30 ml Whiskey
125 g Butter
500 ml frische Vollmilch
4 Eier
140 g Zucker
110 g Mehl

Für den Belag

1 Ei
1 Prise Salz
200 g Sahnequark
30 g Zucker
30 ml Whiskey
200 g abgetropfte Schattenmorellen

Außerdem

Butter für die Form

Zubereitungszeit: ca. 45 Minuten (plus Aufheiz- und Ruhezeit, Backzeit und Kühlzeit)
Pro Stück ca. 352 kcal/1473 kJ, 8 g E, 18 g F, 36 g KH

1. Die Printen zerbröseln und mit dem Whiskey mischen. Die Butter in Stückchen mit der Milch in einen Topf geben und darin zerlassen. Vom Herd nehmen und abkühlen lassen. Die Springform gut einfetten.

2. Die Eier trennen und das Eiweiß sehr steif schlagen. Kühl stellen.

3. Eigelb mit dem Zucker weißschaumig schlagen. Das Mehl darübersieben und unterrühren. Nach und nach die Milchmischung einrühren. 2 Esslöffel des Eischnees ebenfalls in den Teig rühren, den Rest rasch, aber vorsichtig unterheben, sodass die Eischneeflocken sichtbar bleiben. Die Printen auf dem Boden der Backform verteilen, den Teig darübergießen.

4. Den Backofen auf 155 °C vorheizen und den Teig während dieser Zeit in der Form ruhen lassen. Anschließend im Backofen 50–60 Minuten backen, bis der Kuchen oben golden gebräunt ist, das Innere aber noch wackelt. Bei Zimmertemperatur auskühlen lassen und anschließend mindestens 4 Stunden, am besten über Nacht im Kühlschrank ruhen lassen.

5. Für den Belag das Ei trennen und das Eiweiß mit dem Salz sehr steif schlagen. Das Eigelb mit dem Quark, dem Zucker und dem Whiskey verrühren. Den Eischnee unter die Quarkcreme heben. Die Schattenmorellen auf dem Magic Cake verteilen, die Quarkcreme darauf verstreichen und servieren.

Limettenmagic mit Baiser

Für 12 Stücke (Springform 26 cm Ø)

Für den Kuchen

125 g Butter
4 Eier
160 g brauner Zucker
110 g Mehl
500 ml frische Vollmilch
Schale von 1 unbehandelten
   Limette
60 ml frisch gepresster Limettensaft
   (entspricht 1–2 Limetten)

Für das Baiser

2 Eiweiße
140 g Zucker

Außerdem

Butter für die Form
Limettenzucker (FP) zum Bestreuen

Zubereitungszeit: ca. 30 Minuten (plus Aufheiz- und Ruhezeit, Backzeit und Kühlzeit)
Pro Stück ca. 324 kcal/1357 kJ, 7 g E, 18 g F, 34 g KH

1. Die Butter in einem kleinen Topf zerlassen, dann bei geringer Hitze bräunen lassen. Handwarm abkühlen lassen.

2. Die Eier trennen und das Eiweiß sehr steif schlagen. Kühl stellen.

3. Eigelb mit dem Zucker weißschaumig schlagen. Die gebräunte Butter in feinem Strahl einrühren. Dann das Mehl darübersieben und einrühren. Die Milch mit Limettenabrieb und Saft vermischen und nach und nach in die Eigelb-Mehl-Masse einrühren, zuletzt 2 Esslöffel Eischnee unterrühren. Den restlichen Eischnee rasch, aber vorsichtig unterheben, sodass die Eischneeflocken sichtbar bleiben. Den Teig in die Form gießen.

4. Den Backofen auf 155 °C vorheizen und den Teig während dieser Zeit in der Form ruhen lassen. Anschließend im Backofen 50–60 Minuten backen, bis der Kuchen oben golden gebräunt ist, das Innere aber noch wackelt. Bei Zimmertemperatur auskühlen lassen und anschließend mindestens 4 Stunden, am besten über Nacht im Kühlschrank ruhen lassen.

5. Für die Baiserhaube das Eiweiß mit dem Zucker gut 5 Minuten steif schlagen. In einen Spritzbeutel mit Sterntülle füllen und damit kleine Tupfen auf den Kuchen spritzen. Mit einem Flambiergerät karamellisieren. Mit Limettenzucker bestreuen und servieren.

Magischer Brownie

Für 9 Stücke (Kastenform 20 x 20 cm)

125 g Butter
500 ml frische Vollmilch
120 g dunkle Schokolade
  (70% Kakaoanteil)
4 El Crème de Cacao
4 Eier
140 g Zucker
Mark von 1 Vanilleschote
110 g Mehl
2 Tl ungesüßtes Kakaopulver
50 g grob gehackte weiße
  Schokolade

Außerdem

Butter für die Form
ungesüßtes Kakaopulver oder
  Puderzucker zum Bestäuben

Zubereitungszeit: ca. 30 Minuten (plus Aufheiz- und Ruhezeit, Backzeit und Kühlzeit)
Pro Stück ca. 394 kcal/1650 kJ, 7 g E, 22 g F, 38 g KH

1. Die Butter in Stückchen mit der Milch in einen Topf geben und darin zerlassen. Die Schokolade grob hacken, in der Milch schmelzen und gut verrühren. Die Mischung vom Herd nehmen, die Crème de Cacao einrühren und abkühlen lassen. Die Kastenform gut einfetten.

2. Die Eier trennen und das Eiweiß sehr steif schlagen. Kühl stellen.

3. Eigelb mit dem Zucker und dem Vanillemark weißschaumig schlagen. Das Mehl und den Kakao mischen und in die Eigelbmasse rühren. Nach und nach die Schokoladen-Milch-Mischung einrühren. 2 Esslöffel des Eischnees und die gehackte weiße Schokolade ebenfalls in den Teig rühren. Den restlichen Eischnee rasch, aber vorsichtig unterheben, sodass die Eischneeflocken sichtbar bleiben. Den Teig in die Form gießen.

4. Den Backofen auf 155 °C vorheizen und den Teig während dieser Zeit in der Form ruhen lassen. Anschließend im Backofen 50–60 Minuten backen, bis der Kuchen oben golden gebräunt ist, das Innere aber noch wackelt. Bei Zimmertemperatur auskühlen lassen und anschließend mindestens 4 Stunden, am besten über Nacht im Kühlschrank ruhen lassen. In Stücke schneiden und mit Kakaopulver oder Puderzucker bestäuben.

Magic Cannelés

Für 18 Stück (1 Cannelés-Backform
aus Silikon)

1 Vanilleschote
360 ml frische Vollmilch
100 g Butter
40 ml Grand Manier
4 Eier
110 g Zucker
120 g Mehl
1 Prise Salz

Außerdem
Butter und brauner Zucker für
   die Form
Puderzucker zum Bestäuben

Zubereitungszeit: ca. 20 Minuten (plus Auf-
heiz- und Ruhezeit, Backzeit und Kühlzeit)
Pro Stück ca. 125 kcal/524 kJ, 3 g E, 7 g F,
12 g KH

1. Die Vanilleschote längs halbieren, das Mark herauskratzen und Mark und Schotenhälften mit der Milch und der Butter in einem Topf verrühren und erhitzen, bis die Butter geschmolzen ist. Beiseitestellen und abkühlen lassen. Die Schotenhälften entfernen und den Grand Manier einrühren. Die Cannelés-Form gut einfetten und mit Zucker ausstreuen.

2. Die Eier trennen und das Eiweiß sehr steif schlagen. Kühl stellen.

3. Eigelb mit dem Zucker weißschaumig schlagen. Das Mehl darübersieben und mit dem Salz unterrühren. Nach und nach die Milchmischung einrühren. 2 Esslöffel des Eischnees ebenfalls in den Teig rühren, den Rest rasch, aber vorsichtig unterheben, sodass die Eischneeflocken sichtbar bleiben. Den Teig in die Form gießen.

4. Den Backofen auf 155 °C vorheizen und den Teig während dieser Zeit in der Form ruhen lassen. Anschließend im Backofen ca. 25 Minuten backen, bis die Cannelés oben golden gebräunt sind, das Innere aber noch wackelt. Bei Zimmertemperatur auskühlen lassen und anschließend mindestens 4 Stunden, am besten über Nacht im Kühlschrank ruhen lassen. Vorsichtig aus der Form lösen und mit etwas Puderzucker bestäubt servieren.

Magic Torte

Für 12 Stücke (Springform 26 cm Ø)

Für die Torte

125 g Butter
500 ml frische Vollmilch
4 Eier
140 g Zucker
110 g Mehl
2 cl weißer Rum
1 Spritzer Zitronensaft

Für den Belag

500 g Mascarpone
150 g Joghurt (3,8%)
2 P. Vanillezucker
70 g Zucker
700 g Himbeeren
10 Blättchen Basilikum

Außerdem

Butter für die Form

Zubereitungszeit: ca. 60 Minuten (plus Aufheiz- und Ruhezeit, Backzeit und Kühlzeit)
Pro Stück ca. 418 kcal/1750 kJ, 6 g E, 29 g F, 31 g KH

1. Die Butter in Stückchen mit der Milch in einen Topf geben und darin zerlassen. Vom Herd nehmen und abkühlen lassen. Die Springform gut einfetten.

2. Die Eier trennen und das Eiweiß sehr steif schlagen. Kühl stellen.

3. Eigelb mit dem Zucker weißschaumig schlagen. Das Mehl darübersieben und unterrühren. Nach und nach die Milchmischung, Rum und den Zitronensaft einrühren. 2 Esslöffel des Eischnees in den Teig rühren, den Rest rasch, aber vorsichtig unterheben, sodass die Eischneeflocken sichtbar bleiben. Den Teig in die Form gießen.

4. Den Backofen auf 155 °C vorheizen und den Teig während dieser Zeit in der Form ruhen lassen. Anschließend im Backofen 50–60 Minuten backen, bis die Torte oben golden gebräunt ist, das Innere aber noch wackelt. Bei Zimmertemperatur auskühlen lassen und anschließend mindestens 4 Stunden, am besten über Nacht im Kühlschrank ruhen lassen.

5. Für den Belag Mascarpone, Joghurt, Vanillezucker und Zucker miteinander verrühren. Die Himbeeren waschen, verlesen und trocken tupfen. 7 Basilikumblättchen fein hacken und mit 250 Gramm Himbeeren vorsichtig unter die Creme heben.

6. Einen Tortenring eng um den Magic Cake legen und die Creme auf der Torte verteilen. Die restlichen Himbeeren auf der Torte auftürmen und mit den 3 übrigen Basilikumblättern garnieren. Den Tortenring lösen und sofort servieren.

Magic im Glas

Für 6 Gläser à 250 ml

Für die Kuchen

3 reife Passionsfrüchte
125 g Butter
500 ml frische Vollmilch
4 Eier
140 g Zucker
110 g Mehl

Für die Vanillesauce

1 Vanilleschote
200 ml Milch
150 ml Schlagsahne
50 g Zucker
2 Eigelb

Außerdem

Butter für die Gläser
18 Amarenakirschen zum Garnieren

Zubereitungszeit: ca. 55 Minuten (plus Aufheiz- und Ruhezeit, Backzeit und Kühlzeit)
Pro Glas ca. 623 kcal/2614 kJ, 13 g E, 35 g F, 62 g KH

1. Passionsfrüchte halbieren und mit der Saftpresse auspressen. Den Saft durch ein feines Sieb streichen.

2. Die Butter in Stückchen mit der Milch in einen Topf geben und darin zerlassen. Vom Herd nehmen und abkühlen lassen. Die Gläser gut einfetten.

3. Die Eier trennen und das Eiweiß sehr steif schlagen. Kühl stellen.

4. Eigelb mit dem Zucker weißschaumig schlagen. Das Mehl darübersieben und unterrühren. Nach und nach die Milchmischung, den Passionsfruchtsaft und 2 Esslöffel Eischnee in den Teig rühren. Den restlichen Eischnee rasch, aber vorsichtig unterheben, sodass die Eischneeflocken sichtbar bleiben. Den Teig in die Gläser gießen.

5. Den Backofen auf 155 °C vorheizen und den Teig während dieser Zeit ruhen lassen. Anschließend im Backofen 50–60 Minuten backen, bis die Kuchen oben golden gebräunt sind, das Innere aber noch wackelt. Bei Zimmertemperatur auskühlen lassen und anschließend mindestens 4 Stunden, am besten über Nacht im Kühlschrank ruhen lassen.

6. Für die Vanillesauce die Vanilleschote längs halbieren und das Mark herauskratzen. Mark und Schote mit Milch und Sahne langsam zum Kochen bringen, dann die Vanilleschote entfernen. Zucker und Eigelb cremig aufschlagen, die Milchsahne unter ständigem Rühren in die Eimasse geben und über dem heißen Wasserbad cremig rühren. Die Sauce durch ein feines Sieb gießen und abkühlen lassen.

7. Die Sauce auf den Kuchen verteilen und jeweils mit 3 Amarenakirschen garnieren.

Magischer Käsekuchen

Für 12 Stücke (Springform 26 cm Ø)

Für den Boden
200 g Löffelbiskuits
100 g weiche Butter

Für den Kuchen
125 g Butter
500 ml frische Vollmilch
4 Eier
170 g Zucker
110 g Mehl
150 g Frischkäse
50 g Magerquark
2 El Zitronensaft
150 g Schmand

Außerdem
Butter für die Form

Zubereitungszeit: ca. 35 Minuten (plus Aufheiz- und Ruhezeit, Backzeit und Kühlzeit)
Pro Stück ca. 364 kcal/1525 kJ, 7 g E, 27 g F, 24 g KH

1. Die Springform gut einfetten. Die Löffelbiskuits in einen Gefrierbeutel geben, gut verschließen und mithilfe eines Nudelholzes fein zerbröseln. Die Butter zerlassen, mit den Bröseln vermischen und die Mischung auf den Boden der Backform drücken.

2. Für den Kuchen die Butter in Stückchen mit der Milch in einen Topf geben und darin zerlassen. Vom Herd nehmen und abkühlen lassen.

3. Die Eier trennen und das Eiweiß sehr steif schlagen. Kühl stellen.

4. Eigelb mit 140 Gramm Zucker weißschaumig schlagen. Das Mehl darübersieben und unterrühren. Nach und nach die Milchmischung, Frischkäse und Magerquark und 1 Esslöffel Zitronensaft einrühren. 2 Esslöffel des Eischnees ebenfalls in den Teig rühren, den Rest rasch, aber vorsichtig unterheben, sodass die Eischneeflocken sichtbar bleiben. Den Teig in die Form gießen.

5. Den Backofen auf 155 °C vorheizen und den Teig während dieser Zeit in der Form ruhen lassen. Anschließend im Backofen ca. 45 Minuten backen.

6. Unterdessen den Schmand mit dem restlichen Zucker und dem Zitronensaft glatt rühren. Den Kuchen aus dem Ofen nehmen, die Schmandcreme darauf verteilen und weitere 5–10 Minuten fertig backen. Den Kuchen bei Zimmertemperatur auskühlen lassen und anschließend mindestens 4 Stunden, am besten über Nacht im Kühlschrank ruhen lassen.

Rezeptverzeichnis